공이 오고 있다

국립중앙도서관 출판시도서목록(CIP)

공이 오고 있다 : 박영석 시집 / 지은이: 박영석. -- 대전 : 지혜, 2012
p. ; cm. -- (지혜사랑 ; 063)

ISBN 978-89-97386-25-3 03810 : ₩10000

한국 현대시[韓國 現代詩]

811.7-KDC5
895.715-DDC21 CIP2012003643

지혜사랑 063

공이 오고 있다

박영석

시인의 말

한 생이 다 가도 어떻게 써야 시가 되는지 모르겠다.
모자를 삐딱하게 쓰면 시가 될까 배가 고파도 참으면 시가
될까 명함에 "시인"이라 박으면 시가 될까 그렇게 而立이
지나고 不惑이 지나고 知天命이 지나고 耳順이 지났다 참
우습다 아직도 어떻게 써야 시가 되는지 모르면서 시집을
냔다 알지도 못하는 시의 집을 어떻게 짓나?
이것들이 시가 되기나 하는지 궁금하다 그러나 이제 와서
시가 아니라 한들 어쩌겠는가. 막무가내는 힘이 세다
미안하다 시여!

박영석

차례

2부

3부

1부

공치는 일

숨차게 뛰어야 한다
똑바로 보고
똑바로 휘두르고
똑바로 맞추어야 한다
이따금 허공도 쳐야 한다

빠른 공은 빠르게 느린공은 느리게
높은 공은 높게 낮은 공은 낮게
센 공은 세게 부드러운 공은 부드럽게
쳐야 한다

침착해야 한다
겸손해야 한다
목숨 걸어야 한다

몸에 힘을 빼야 한다
마음을 비워야 한다

출렁,
라켓에 와 닫는 느낌을 읽어야 한다
날아가는 소리에 귀를 기우려야 한다

저기 공이 오고 있다

추어탕 · 1
— 鰍

뜨거운 뚝배기 속입니다
가난한 사람들이 한턱 쓰는 음식 속입니다
헛헛해서 비린 것이 생각날 때 먹는 음식 속입니다
뼈와 살 내장과 눈알까지 먹는 음식 속입니다
맨손으로는 잡을 수 없는 鰍
한 그릇 먹으면 원기가 확 도는 鰍
친구끼리 가족끼리 땀을 닦으며
없는 돈 서로 내려고 다투는 鰍
푹 삶은 우거지국물에 삶은 미꾸라지 갈아 넣고
뚝배기에 또 달여서 곤죽이 된 鰍

鰍!
하고 불러보니
쓸쓸히, 쓸쓸히 비린내가 번집니다

산초 같은
제피가루 같은

추어탕 · 2

가령, ㄱ도 ㅁ도 아닌 日자집이나 한 채 사서
무턱대고 추어탕 가게 하나 차려보라
처음으로 추어탕이 끓는 날
국솥처럼 두근거리는 가슴을 만져보라
손바닥만 한 가게에 탁자 몇 놓고
눈 뜨면 추어탕 같은 날짜를 푹푹 끓여
지성으로 팔아보라 손님은 왕이다
다짐도 하고 왕들 앞에서 더듬거리다 물컵 같은 치욕을 엎질러 보라
왼발이 제 오른발을 걷어차도 왕들이 모르도록
재빨리 무디어 지며 짜다 싱겁다 뜨겁다 맵다
말도 많은 왕들의 입맛을 새기며
침묵하라
그렇게 당신은 깊어지며 야위어져도
추어탕은 여전히 뜨거우리니

ㄱ자도 ㅁ자도 아닌 日자집이나 한 채 사서
무턱대고 추어탕 가게 하나 차려보라

팔아야 산다는 말이 얼마나 쓸쓸한지
추어탕을 한 그릇을 건너는 일이 얼마나 으스스한지
죽어도 팔아야 할 추어탕 앞에서

추어탕 · 3

한 사람
가방 들고 들어와서 추어탕을 먹는다

추어탕: 秋漁를 넣고
秋가 없어질 때까지 秋를 펄펄 끓인 국

秋한 것이 어디 추어뿐이랴
秋한 것이 어디 우거지뿐이랴

秋하지 않다! 감추어도 秋한 거 다 안다
손 안 들어도 미끄덩거리는 거 다 안다

저 사람 잠바 깃을 올리고
쩔쩔 끓는 추어탕 한 그릇 숙연하게 먹는다

秋한 것 다 뭉개진 탕 속에 눈을 박고 먹는 것이 어디 추어탕뿐이랴
뜨겁게 먹고 뜨거워져야 하는 일이 어디 추어탕뿐이랴

부르르 떨면서 눈 부릅뜨고 먹어야 하는 것이 어디 추어탕뿐이랴

괴발개발

괴 발 개 발 기어간 게 발자국을 보았다
이 리 저 리 뛰어간 물새 발자국을 보았다

삐뚤삐뚤한 슬픔들

그늘

벚나무가 꽃그늘 한 채 지었다
그늘도 집인 줄은 알았으나
그 작은 꽃에 저리 큰 그늘이 숨어 있는 줄 몰랐다
그늘 한 닢의 화엄이 하염없이 떨어져 내린다

그 아래 모여드는 사람들의
머리에 어깨에
차들의 지붕에 창에
노점상 액세서리 위에

장엄한
그늘의 나라가 세워지고 있다

둥글다는 것

전지되어 뭉툭한 사과나무에는 둥근 달이나 열려라
둥근 것은 얼마나 환하냐고
모서리를 버린 것들은 이렇게 환하다고
둥그렇게, 둥그렇게 열려라

웅크리고 앉아 먼 산 보는 노인의 등 같은 오랜 둥긂
보라 둥근 것은 얼마나 먼가
나무 아래 누워 나무로 돌아가고 있는 사과를 보면 알리라
껍질에서 씨방까지가 얼마나 먼지
씨방에서 씨앗까지는 또 얼마나 아득한지
그 모든 것들의 저녁은 얼마나 느리게 둥글리는지

둥글리면서 흐르는 개울물소리는 얼마나 쓸쓸한지
들판을 건너오는 저녁소의 울음소리
젖은 자갈돌이 몸 뒤집는 소리
파도가 붉은 해안선을 핥는 소리
목이 긴 새들이 떼를 지어 날아가는 소리는
얼마나 멀고 둥그런지

발끝에 달빛을 매달고 동굴을 기어 나오는
등딱지가 검은 게의 연대기처럼
저기, 지층과 지층사이를 날아가는 새들의 둥근 길을 보라

그

보아하니 그는 바닥에 구멍을 뚫고 오신 것 같다
흙이 광 바닥에 어수선하다
그러나 아무리 찾아도 그가 온 길은 보이지 않는다

보이지 않는 터널을 뚫고 와 그가 맨 처음 이녘에 머리를 들이밀었을 때
어둠 속에서 그는 무엇을 보았을까?

맨 먼저 닿은 어둠에 수염을 떨며
습기와 곰팡이 냄새에 이끌리며
두리번 헌옷 보퉁이 위로 올라섰을까
고리짝 위로 녹슨 연장 위로 슬쩍슬쩍 건너
텅 빈 뒤주 위에서 잠시 골몰하였을까

허기를 물어뜯으며 닥치는 대로 맛을 보았을까
그리고는 난데없는 인기척에 놀라 서둘러 사라졌을까

귀리알 같은 똥이 여기 저기 흩어져 있다

하나같기도 둘 같기도 여럿 같기도 한 그
오늘은 텅 빈 광 바닥에
허연 뼈 조각 하나 물어다 놓으셨다

국

무심코 도착한 여덟시가 지나가고 있다
여덟시의 흰 사발에서 아침이 김을 올리고 있다
여덟시의 콩나물국에서 덜 익은 콩 비린내가 풍기고 있다
여덟시가 잘게 썬 대파 냄새를 풍기고 있다
여덟시가 삶은 고춧가루 냄새를 풍기고 있다
여덟시가 건져 올리는 숟갈을 따라
여덟시의 붉은 기름방울들이 둥둥 따라온다
여덟시의 먼지가 미세하게 날아다닌다

여덟시의 내가 국물 한 숟갈을 삼킨다
여덟시의 얼큰한 묵언이 혀 위에 잠시 머물렀다 목구멍으로 넘어간다
여덟시의 김이 서린 거울 속이 걸어온다

TV속 앵커가 각 도시의 비, 구름 바람 햇빛을 나누고 있다
나는 계속 밥을 먹는다
젓가락에 걸려 올라오는 가느다란 콩나물을 씹는다
국물을 꾹꾹 씹는다
여덟시의…… 슬픈 국물

간극間隙

"0.001초 차이로 메달의 색깔이 바뀔 수 있습니다"
베이징 올림픽을 중계하는 아나운서의 멘트다
나는 밥 먹던 숟갈 든 채 그 간극을 본다

치타가 임팔라를 쫓는 세렝게티의 초원
0.001 초의 간극이 피를 흘리고 있다

날아가는 탄환, 첼린저 호, 길 건너다 죽은 아이, 삼풍백화점
간극들이 어지럽다

어학연수를 떠난 딸과 전화 하던 아내가
"밥 먹다 뭘 그렇게 멍하니 봐요" 하며 툭 친다
"아! 0.001의 차이로 메달의 색깔이"
그곳은 지금 몇 시 일까?
0.001의 간극이 남은 밥을 먹는다

개들

빙글빙글 도는 놈 껑충껑충 뛰는 놈 컹컹 짖는 놈
곁눈질하며 먹는 놈 야금야금 먹는 놈 허겁지겁 먹는 놈
늑대처럼 으르렁 대는 놈
먹다가 돌아서서 똥을 싸는 놈
털 색깔만큼 성격도 가지가지 놈들
밥통에 머리를 박고 조용하다

뼈다귀를 몽땅 먹어치우는 놈
제 똥까지 먹어치우는 놈
빈 밥그릇을 물어뜯는 놈
밥그릇 물고 장난치는 놈

백주에
물고 뜯고 교미하고 살육하고

(한 점 부끄럼 없다)

독방에 사는 사나운 늙은이처럼

으르렁거리며 어슬렁거리며 힐끗거리며
웅크리고 발바닥을 핥으며 목덜미를 긁으며 똥을 싸며
제 가랑이에 코 박고 잠을 자며
괜히 땅을 파며
국자로 대가리를 두들겨 맞으며

개대가리다
개대가리다

지나가는 바람을 보고 멍멍 짖으며
제 꽁지를 물고 빙빙 돌며

사강 사거리

붉은 신호 우뚝 선 길 위로
사강*의 다섯 시가 지나가네
생전 처음 보는 하늘이 지나가고
생전 처음 보는 흰 구름이 지나가네
지는 벚꽃 길을 국적 불명의 시간들이 지나가네
죽은 개펄 냄새가 지나가네
사강이 지나가네

소리의 근원을 핥으며 나지막한 상점들 지나가네
상점 앞을 파헤쳐 놓은 굴착기가 지나가네
저녁햇살이 빈 유모차 위로 지나가네
어디서 본 듯한 차들이 지나가는 사거리
재개발 냄새가 지나가네
황량하다……는 생각이……
지나가다 멈추어 서네

사강 사거리에서
붉은 신호에 붙들린 것이 있네

언뜻 보면 나 같은 것이

* 경기도 화성시 송산면 사강리.

건어물 가게

말라 꼬부라진 새우 한 됫박에 팔천 삼백 원
납작납작한 오징어 한 축에 삼만 오천 원
혓바닥만 남은 조갯살 육백 그람 일만 칠천 원
기저귀처럼 접은 기장미역 한 꾸러미 이만 오천 원
일렬로 묶인 영광굴비 한 두름 오만 원……
무공해 천일염이 10kg에 이만 원
바다들이 싸다

햇볕과 바람과 굴종의 시간을 지나
비틀리고 앙상한 구도의 모습으로

無盡無盡 이다

직립의 길

기어 다니던 아이가 어느 날 걸음을 떼네
직립을 익히고 있네
혼자 걷는 일은 얼마나 어려운지
걷기 위해 두 발로 서는 일은 또 얼마나 어려운지
잡고 있던 벽을 놓는 일은
탁자를 놓고 엄마 손을 놓는 일은
마침내 홀로 허공에 우뚝 멈추어 서는 일은
얼마나 어려운지

쉬지 않고 줄달음치는 지구 위에서

탁자 모서리에 얼굴을 콕 찧는 일은 얼마나 쉬운지
눈 밑이 찢어지고 피가 흐르는 일은
얼마나 쉬운지

침대에서 떨어지고
국솥에 데고 발등을 찧는 일은 또 얼마나
눈 깜빡할 사이인지

방심의 상처로 가는 저 직립의 길

고택古宅

기와에 이끼가 돋고 거뭇거뭇 버짐이 피었다 조금씩 키가 작아지고 있다 지붕 위에 천막이 덮이고 그 위에 폐타이어가 얹혔다 죄 비틀리고 갈라지고 있다 그 사이 벌레들이 알을 슬고 있다 굽은 대들보 사이 하늘이 끼어 있다 마루가 실없이 높다 부스스한 황토벽 아래 낡은 신발 한 짝 뒹굴고 있다 문을 열면 삭은 돌쩌귀가 삐꺽 운다

이끼 투성이 뒤란을 가졌다
산죽나무 사이로 먼 강이 산으로 흘러드는 풍경을 가졌다
감나무 옆 목련 옆 산수유 옆 감탕나무 옆 배롱나무 옆
이름 모를 어린 것들이 지키고 있다

닭의장 풀

어느 날 보았어 초록의 새순 끝에 새파란 아이들 달고 서 있는 그를 지나치다가 문득 돌아보면 어느새 사라지고 없었어 추석 무렵이었어 아버지 산소 벌초 가는 길 개울가에서 물소리 들으며 오순도순 살고 있는 그를 곰곰 들여다보면 몸 흔들며 아는 체 하는 그를

어이, 닭의장풀!
부르면 문득 들판이 환해지는 그를,
아주 잠깐 허공이 푸른 물감을 마구 쏟아 부은 것 같은 그를

심심할 때 발길로 걷어차기 좋은 그를 꽃은 꽃대로 잎은 잎대로 식민지 백성처럼 뭉개진 그를 적개심도 없이 자란 그를 이따금 허락도 없이 텃밭에 세든 그를 쥐어뜯으면 손바닥에 풀물이 흥건한 그를

닭장과 무슨 상관이 있는지 아무리 생각해도 모를 것이 들판에서 밭에서 개울가에서 닭의 이름을 쓰고 있는 그를!
쥐어뜯으면 닭털처럼

투둑투둑

뽑히는 그를!

귀거래

영동부동산, 서울추어탕, 삼성냉동, 춘천닭갈비가 있는
상신로 64-1 번지에 가로등이 켜진다
어두컴컴한 전선주 아래 쓰레기들이 모여든다
옆구리 터진 놈
아가리 벌어진 놈
전신에 오물 뒤집어쓴 놈이

도둑고양이가 발톱을 세우는 시간 속으로
떠돌이 개가 영역표시를 하는 시간 속으로
술 취한 고성방가가 방뇨하는 시간 속으로 들어온다

저기, 흰 마스크로 얼굴을 가린 자들이
흰 장갑을 끼고
야광 조끼를 입고 오고 있다

경광등을 번쩍이며 청소차가 오고 있다

그녀가 내 마음의 틈에

밥을 먹는데
우산을 펴는데
육교를 지나가는데
버스를 기다리는데
문득 그녀가 끼어든다

계단을 오르는데
딩동, 옆집의 벨 소리가 벽을 타고 건너오는데
음악을 듣는데
영화관이 퍼뜩 생각나는데
스팸처럼 그녀는 끼어든다

장례식장이나 예식장 저잣거리
곳곳에서
그녀는 무슨 암시처럼 끼어든다

신호등에 걸려 섰는데
붉음과 푸름 사이에 그녀가 끼어있다

우표를 붙이는데 우표와 봉투 사이에 그녀가 끼어있다
뷰티 미용실 가위와 머리카락 사이에
〈일수. 달돈〉 뒷골목 광고지 위에
그녀가 끼어있다

서늘하고
무게가 없다
견고하다
번득인다

그녀를 빼버리면
나는, 이 관념의 부대는 무엇인가?
병이 깊다

그럴듯한 말

열네 살 솜털 보송보송한 계집아이가 배가 고파 슈퍼에서 크림빵 훔쳐 먹던 계집아이가 누구에게도 사랑한다는 말 한 번 들어본 적 없는 계집아이가 엄마는 도망가고 아빠는 정신요양원 가고 언니는 돈 벌러 미국가고 주위에 아무도 없는 계집아이가 거인체육관*을 찾아가는 계집아이가 꿈이 뭐냐?는 관장에게 밑도 끝도 없이 "챔피언"하고 비실대던 계집아이가 염증으로 엄지발가락 한마디를 잘라낸 계집아이가 발가락이 짧아 중심을 잃고 자주 쓰러지던 계집아이가 이도저도 안 되자 죽으려고 약을 먹은 계집아이가

굶지 않으려고 집세 내려고 링에 올라갔다 엄마가 없고 아빠가 없고 언니도 없어서 링에 올라갔다 조명등이 대낮같이 밝아서 링에 올라갔다 눈부신 사각의 링에서 코뼈가 주저앉아서 오른쪽 각막이 찢어져서 링에 올라갔다 심판이 기권을 권유해서 링에 올라갔다 마침내 48.98킬로그램의 절망이

스물다섯의 챔피언이 된 그녀가 일곱 번을 넘어지고도

일어났다 발톱이 여섯 개나 빠져도 일어나는 계집아이가 두려운 건 적이 아니라 용기를 잃는 일이라고 말 하는 계집아이가

* 체육관 이름.

기관사 · 5
— 노래

기차는 정시에 승부역을 지나갔다
역사 위에 「눈꽃열차」 현수막이 비스듬히 걸려있다
다음은 석포역이다
골짜기 사이에 끼여 있는 작은 역

터널을 지나면 철교, 철교를 지나면 또 터널
나는 지금 까마득한 다리 시퍼런 계곡을 건너는 중이다
교량 위를 지나는 바퀴소리가 귓전을 때린다

승객들은 졸음에 겨워 질겅질겅 껌을 씹으리라
발 냄새를 풍기며 소주를 까리라
진물 뚝뚝 흘리며 귤껍질을 벗기리라
계곡아래 둥글게 흐르는 물굽이를 바라보리라
발갛게 불을 밝히고 사라지는 길을
더듬더듬 몸을 흔들며 가고 있는 기차의 대가리를 보리라

나는 지금 방금 지나온 터널의 어둠을 털며 간다
나아가는 만큼 뒤로 사라지는 풍경으로 간다

산자락이 사라지고
옥수수 밭 둘러친 너와집 한 채가 사라지고
컴컴한 낙엽송 숲이 사라지고
폐광으로 허물어진 동굴이 사라져도
다시 다가오는 터널 속에서
한사코 승객이 될 수는 없는 나는
한사코 기관사가 될 수 없는 승객들을 달고
깊이를 알 수 없는 강을 건너는 중이다

꽃 피는 행운목

설을 일주일 앞두고 행운목이 꽃을 피우기 시작했다
이태만의 일이다
그의 몸에 무슨 일이 벌어지고 있는 걸까?

지난번 꽃은 막내딸을 시집보냈다
아버지의 아흔 두 번째 생신을 불렀다
동지와 춘분을 부르고
초등학교 입학식을 불렀다
그리고 두 번의 자동차 사고를 부르고
세 번의 부고를 불렀다

오늘은 폐렴으로 입원한 아내가 퇴원 하는 날
기침을 할 때마다 가슴뼈가 삐걱거리는 아내가 퇴원하는 날
어둠 속으로 기침소리가 별빛처럼 퍼져나가는 날

그리고
개봉되지 않은 날들이 조용히 개봉되는 날

우동

속리산 휴게소에서 유부우동을 먹는다

기름에 튀긴 두부를 넣고 끓였다는 우동
국물이 뜨겁고 시원한 우동

간밤에 내린 눈으로 주차장은 질퍽거리는데
나는 외투를 걸치고 국물을 휘저어 유부를 건져 올린다
추위를 후후 불며 국물 속의 꼬불꼬불한 겨울을 건져 먹는다

나무아래 쌓인 눈
풍경들은 이국처럼 낯설다

설산이 요새를 이룬 휴게소 탁자에 앉아
젊은 연인들이 라면을 먹는다
눈이 파란 서양여자가 배낭을 풀고 돈가스를 먹고
젊은 엄마와 아이가 쫄면을 먹고
하얀 위생모 쓴 찬모는 모락모락 김나는 국수를 말아내고

삼색나물로 국수 위에 色을 내고
국물 위에는 연밥처럼 파란 파들이 떠돌고

나는 기름띠 노란 식욕의 바다를
휘휘 젓고

2부

이유

내가 추어탕 한 그릇 배달하는 것은
아덴만의 여명이 싱싱하게 찍힌 신문이 배달되었기 때문이다
가게 문을 열고 바닥에 흩어진 어제를
아내가 진공청소기로 말끔히 빨아들였기 때문이다
비가 오나 눈이 오나 출근하는 아줌마들이
출근하자마자 커피 한 잔씩 뽑아들고
굽 높은 신발과 털옷에 대해 얘기했기 때문이다

내가 추어탕 한 그릇 배달하는 것은
이른 새벽 간 데기에 불이 당겨지고 떼죽음한 미꾸리들이
설설 물을 끓였기 때문이다
커다란 밥솥에서 밥물이 끓어 넘쳤기 때문이다
시퍼런 청양고추가 난도질당했기 때문이다
마늘이 통째로 믹서에 짓이겨졌기 때문이다

내가 추어탕 한 그릇 배달하는 것은
거스름돈을 준비하고 약도를 그리고

배달할 집을 메모지에 몇 동 몇 호까지
또박또박 적었기 때문이다

그러나
내가 매일 무거운 배달통을 들고 나서는 진짜 이유는
배달되세요?
허공 저 편에서 물어오는
쓸쓸한 질문 때문이다

막대사탕

성탄절 선물로 막대사탕 하나 받았다네. 그 사람
혹 이천년 전 지상에 왔다 간 그 천사 아닌지 몰라
그 때 목동들이 놀란 것처럼 나도 지금 그러하다네
생애를 통틀어 이렇게 달콤한 선물 받은 기억이 없네
그 사탕 너무 작아 웃음이 나네
골프공보다 작은 지구를 막대기에 꽂아놓은 것 같아서
주머니에 넣고 만지작거리니 어지럼증이 드네
껍질을 벗겨 냉큼 입안에 넣는데 막대기가 삐죽 장난을 치네
나, 심심한 강아지가 뼈 하나 문 것 같았네
꼭 한입만한 사탕이었네
아니네. 한입에는 다 먹을 수 없는 단단한 사랑이었네
막대기를 잡고 입안에서 요리조리 돌리다가 꺼내보아도
한입에는 도저히 먹을 수 없는 동그란 사랑
무슨 사탕이 이렇게 장난스럽냐?
무슨 사랑을 이렇게 오래 먹게 하냐?
문득 입가에 단물 흥건히 번지네
성탄절 알전구들이 깜박이는 것을 보며
그 사탕 즐겁게 사라지고 있네

납작하게 눌린 행운을 찾습니다

그가 찾는 것은 세 이파리 사이에 숨어있는
네 이파리라고 합니다

네 이파리는 찾는다고 찾아지는 것이 아니라 합니다
문득 다가온다고 합니다
해질녘 세 이파리들의 마을을 두어 시간 뒤지면 있다고
도 합니다

네 이파리는 책갈피에 잘 끼워 두었다가
뜬금없는 날 선물로 주어도 좋다고 합니다

세상에, 이파리가 넷이라니 행운이 아닌가
바싹 마르고 가벼우나 잎맥이 싱싱하니 행운이 아닌가

한 잠 자고나면 사라져버릴 눈사람 같은
움켜쥐면 스륵 녹아버릴 설탕과자 같은

농약

- 파라치온
- 고독성 살충제
- 살포시 반드시 마스크와 안경을 착용할 것

맨손으로 그를 만져서는 안 된다
불의 혀 같아서
저승사자 같아서
단 한 방울로도 무수한 생명을 죽인다

갈색의 병속에서 투명하게 찰랑거리는 그것
밭에 뿌리던 할아버지를 죽인 그것
과수원에 뿌리던 아버지를 죽인 그것

죽이는 것이 업인 시간이 뿌옇게 지나간다
연기처럼 퍼져나간다
사과나무는 그 속에 있다

눈병

지하도 계단에 기대 귤 파는 여자
귤 상자에 기대어 졸고 있네
나는 눈물을 닦네

약방 안에서 흰 가운을 입은 약사가 약을 짓고 있네
나는 눈물을 닦네

골목 안 보도블록 위에 비둘기 몇 마리 아침 햇살을 쪼고 있네
나는 눈물을 닦네

정품 정량 정직의 현수막을 내건 주유소에서 승용차가 기름을 넣고 있네
나는 눈물을 닦네

전신주 아래 쌓여 있는 쓰레기들 속에
빈 소주병이 뒹굴고 있네
나는 눈물을 닦네

육교 위를 지나가네
차들의 행렬이 하염없네
나는 눈물을 닦네

그녀는 분홍연립에 산다

사십 수 년을 앉아서 걸어온
쑥 한줌 뜯고 싶어 들판까지 택시를 대절했다는
선천성 하체 불구자인
그녀는 분홍연립에 산다

앉아서 음식 만들고 앉아서 가계부 쓰고
앉아서 시를 쓰고 앉아서 기도하는 그녀
하나님이 와도 앉아서 인사할
그녀는 분홍 연립에 산다

얼마 전 구강암에 걸려 이빨이 다 물러앉고
광대뼈까지 함몰된 그녀
급기야 좌측 볼에 구멍이 난 그녀
얼굴에 구멍이 나도 참붕어처럼 동그랗고 검은 눈을 가진 그녀
목소리가 풍경처럼 뎅그렁거리는

그녀는 분홍연립에 산다

그런 그녀가 오늘 외출을 한다
휠체어를 타고 분홍연립을 나와 구급차에 오른다

이제 가면 언제 올지 알 수 없다는 그녀가
밤새 어머니가 그리웠다며 눈물을 흘리는 그녀가
골목을 빠져 나가도

분홍연립은 분홍이고
분홍연립은 분홍 밖에 없다

돌 줍는 사람

돌 하나 주우려고 검은 모자 쓰고 배낭 메고 쇠꼬챙이 하나 들고 겨울 강바닥을 헤집고 있는, 저 사람

잠바 깃을 올리고 돌멩이들의 내력을 살피고 있는, 저 사람

닳고 닳은 돌 이상한 모양의 돌 세상에 하나 밖에 없는 돌 본 적도 없는 본 것 같은 돌을 찾고 있는, 저 사람

바람이 검불을 말아 올리는 것도 모르는 채, 강이 발목을 적시고 무릎을 휘돌아 가는 것도 모르는 채, 정수리 위로 까막새가 왔다 가는 것도 모르는 채, 돌아갈 집도 모르는 채, 자꾸 돌 속으로 들어가는, 저 사람

그동안 강바닥은 몇 번이나 저물었는지, 강물은 또 얼마나 멀리 갔는지, 낯모르는 돌의 이마를 밟고 서서 저물도록 서성이는, 저 사람

낯선 돌쪽으로 자꾸 몸이 휘는, 저 사람

두부와 엄마와 나

반짝이는 것을 좋아하는 울 엄마 TV 보며 전화 받으며 뜨개질하며 일곱 살 날더러 두부 한 모 사오라 시네 나는 하던 게임을 멈추고 큰길 두 개를 건너 지하 마트로 두부를 사러가네 엄마는 여전히 TV를 보고 전화를 받고 뜨개질을 하고

나는 이쪽저쪽 차를 살피고 신호를 기다리고 그림자놀이를 하고
낯선 사람을 스쳐가고 이슬비를 스쳐가고

만약 내가 두부를 바닥에 떨어뜨리면
두부를 손으로 꾹 뭉그러뜨리면
두부를 어디엔가 두고 그냥 가면
두부를 육교 위 거지에게 주어버리면
두부 사고 남은 돈을 다 주어버리면
아니 두부가 아닌 콩나물을 사들고 가면
아아, 엄마는 뭐라 실까?

아니, 아니, 내가
빙글빙글 놀다가 뭘 사러 나왔는지 몽땅 잊어버린 채
그냥 간다면 울 엄마는 뭐라 실까?
뭐라 하실까?

울 엄마는 바쁘고 울 엄마는 우아해서
두부 따위 생각할 겨를도 없을 거야
TV도 전화도 뜨개질도 다 바쁜데
올 사람 안 오고 갈 사람 안 가는 이 가을에
이따금 화장도 해야 하는 울 엄마
반짝이는 것만 좋아하는 울 엄마는

털신

나, 태어나서 처음으로 털신 한 켤레 사고 싶었네
털신 사서 주인 없는 댓돌에 몰래 놓아두고 싶었네

희끗 희끗 눈발 치는 날
온 몸에 서릿발 돋는 날
따뜻하시라고
포근하시라고
발 시리지 마시라고
눈대중으로 가늠한 털신 한 켤레 사고 싶었네

아가리가 까만
털이 보들보들한
애완견 쫑 같은
털신 235

나 태어나서 처음 털신 한 켤레 사
애완견 쫑 같은 그녀의 늙은 발에
오글오글 신기고 싶었다네

막차

내가 기다리는 차가 막차라고 했다
막차,
다음이 없는
뒤가 텅 빈
사라지는 불빛 같은 차를 기다리는 동안
가로등 밑은 날벌레들의 세상이었다
아우성치며 추락하는 것들 아래서 나는
막차를 기다렸다

광장 밖으로 밤의 불빛들이 흘러갔다
역무원은 제 팔을 벤 채 잠이 들고
녹음된 안내 방송이 잠깐 흘렀으나 듣는 이 없었다
불빛 아래 관엽 식물들은 서서히 시들고
여행 포스터가 붙어있는 어두운 대합실 바닥을
선풍기 바람이 길을 내고 있었다
나는 샌들을 끌고 역사의 어두운 출구를 지나갔다
도착하지 않는 막차의 길을 건너갔다

묘지에서

울고 있는 아이를 데리고 묘지로 갔다
진흙탕에 빠진 차가 비틀거렸다
돌짝밭을 지나갔다 두려움을 지나갔다
족제비싸리 찔레 미루나무들이 막고 있는 길을 지나갔다
뚝방천 시오리 길을 그렇게 지나갔다

(길이 왜 이렇게 험해요?)
(묘지로 가는 길이니까)

밤나무 아래 차를 세우고 산길을 올라갔다

낙엽과 삭정이와 빈 밤송이들이 채이는 산
비에 젖은 산 인적 끊긴 산 숨을 크게 들이쉬고야 적막에
드는 산
가시덤불 아래서 문득 산꿩이 날아오르는 산
고요가 못물처럼 흔들리는 산

조화들이 활짝 피어있는 비석들을 지나

위쪽으로 예닐곱 걸음쯤 올라가니 묘지 하나가 외롭다

(조화도 진짜 같아요)
(사람이 만든 것이지 가짜는 아니란다)

마른 잔디 위에 국화가 더욱 노랗다
물을 거부하는 꽃들은 바람에 햇볕에 바래간다

우는 아이를 보며 나는 왜 무덤이 생각났을까?
아이와 나는 묘등에 나란히 앉아 건너편 산을 보았다
나무들이 촘촘히 박힌 산이 와불처럼 누워 있다
우리도 그렇게 한참 있었다
새 몇 마리가 날아왔다 가고 바람이 왔다 가고 구름이 지나갔다
문득 무덤 너머로 어둠이 몰려왔다

문

자동으로 열리고 닫히는 문 앞이다 문이 열리자 안절부절 기다리던 사람들이 우르르 들어간다 제 골육을 찾아간다 죽음의 문턱에서 링거며 산소호흡기며 심장박동체크기 맥박기록기를 주렁주렁 달고 있다 눈 감고 골육은 수면 중이다 가만히 손을 잡아본다 부은 손등이 따스하다 그 아래 가늘게 맥박이 뛰고 있다 이제 그는 스스로 숨 쉴 수 없다 기계가 숨쉬어주고 음식을 삼켜 주고 있다 사람의 길을 가는 기계, 기계의 길을 가는 사람,이 그 안에 있다

문이 열렸다 닫힐 때마다 깊은 잠속의 사람들이 하나씩 빠져 나가고 그의 길을 가던 기계가 치워진다. 곧 저물 것이다

누가

이 새벽 누가 우유배달을 하고 오는지
교차로 공터의 이팝나무가 하얗다
고봉의 꽃 속으로 손을 쑥 디밀고 있다 누가

이 새벽에 두레박질을 하는지
산중턱에 아카시아가 하얗다
꽃향기가 아침 밥상에 그득하다 누가

이 새벽에 옥양목 호청을 두드리는지
다다미소리가 뽀얗다
산비탈 찔레가 한창이다

하얀 꽃에서는 상여소리가 난다
뽀얗게 먼지 피어 올리며
청 보리밭을 넘어가는 요령소리가 난다

대한 전날

대한大寒 전날 우리는 아랫목에 엄마를 누이고 윗목에서 아침을 먹었다
대한 전날 고3인 막내는 취직시험 합격통지서를 들고 오고
아랫목에 누운 엄마 손은 내 손을 잡았다
대한전날 다 무른 엄마의 암 덩이는 수도 없이 손등을 깨물었다
대한 전날 엄마 손등의 이빨자국은 거뭇거뭇 썩고 있었다
대한 전날 엄마는 우애 있게 살아라
기어드는 소리로 말씀하시고 대한 전날
엄마는 밥상 물리기도 전에 돌아가시고
대한 전날 엄마는 아랫목이 되시고

미라 같은 엄마
보리 새싹 찧어 마시는 것이 유일한 약이었던 엄마

대한 전날 우리는 솜으로 엄마 얼굴을 닦고 몸을 닦고
대한 전날 우리는 엄마의 코를 막고 입을 막고 눈을 막고 귀를 막고

대한 전날 우리는 엄마의 얼굴을 싸매고 얼음처럼 차가운 엄마의 숲도 싸매고
대한 전날 엄마는 가볍고 딱딱하고 허전하고 빳빳한 포옹

대한 전날 엄마는
대청을 지나 부엌을 지나 마당을 지나간
거미 한 마리 껴풀만 남은

사람의 마을

눈이 펑펑 내리는 대낮이었다
어디선가 개잡는 소리 들렸다
골목 끝에 사내 셋이 개를 둘러싸고 있었다

구레나룻이 끈을 당기고 있는 동안
누런 개털모자가 몽둥이를 들고 있는 동안
볼에 칼자국 난 매부리코가 식칼을 들고 있는 동안
개의 눈빛이 결사적으로 허공을 붙드는 동안
둘러선 아이들 속절없이 유린당하는 목숨을 지켜보는 동안
눈이 펑펑 개의 마지막 핏자국을 지우는 동안
하늘 서쪽서부터 웅덩이가 벌겋게 번지는 동안
길은 사람의 마을로 내려왔다가 밤이 되자 산으로 올라갔다

그렇게 눈이 펑펑 내리는 동안
내가 누렁이를 데리고 한 오십년 산으로 올라가는 동안
산중턱 어디쯤 누군가 놓은 올무에 걸린 산토끼가

어느 짐승엔가 파먹히고 머리통과 앞발만 남는 동안
긴 나무그림자들이 나와 누렁이와 토끼를 에워싸는 동안
올무가 토끼의 죽은 목을 풀어주는 동안
무릎 아래로 어둠이 밀물처럼 몰려오고
없는 토끼 발자국을 밟으며 내가 산을 내려오는 동안

길은 사람의 마을로 내려왔다가 밤이 되자 산으로 돌아
갔다

乙, 숙도

다리 긴 놈은 다리 긴 놈들끼리
목이 긴 놈은 목이 긴 놈들끼리
갈대 귀퉁이 아랫목을 데워 둥지를 틀었다
붉은 발들이 짧은 꿈을 꾸는 곳이다
날아오르는 놈
날아내리는 놈

일찍 눈 뜬 놈들이 부리를 부비며 인사하고 있다
3000킬로의 높이의 허공을 날개 끝에 매달고
검정콩 같은 눈으로 먼 길 읽으며 온 놈들이
제 깃에 부리를 묻고 있다

우듬지가 붉고 꽁지만 긴 오목눈이새
부리가 짧고 눈이 큰 물떼새
갯벌을 제멋대로 휘젓고 다니는 저어새
쇳소리로 우는 쇠기러기……들이 떨어뜨린
깃털 위로

ㄹㄹㄹ ㄹㄹㄹ

석양이 내리고 있다

이 저녁의

마천루 우거진 뒷골목을 배 한 척 지나가네
달동네 어느 집 문패처럼 희미하게 갈겨쓴
'동래호'
닭발, 똥집, 소주, 막걸리……
주렁주렁 달린 꼬리표가 너풀거리네
사람들의 바다에 유유히 떠 있는 동래호
불빛이 오징어잡이 배처럼 휘황하네
바람에 집어등이 흔들리네
수평선의 끝을 잡고
흐믈흐믈 풀어진 손님들이 모여드네

그는 매일 가장 깊은 곳을 가늠해 닻을 내리고
눈이 멀도록 환히 불을 밝히는데
저 캄캄한 바다 속 어디엔가 있을 오징어 떼를 기다리는데
시간은 자정을 넘고
낚시에 걸린 놈들 먹물만 쏘고
날카로운 이빨로 물어뜯기만 하고
아무래도 그것들의 무리를 기다리는 건

꿈같은 일
체념한 듯 그는 꽁치 굽고 곰장어 굽고
막창 굽고 닭발 굽네
살타는 연기에 취해 한 저녁이 또 가네

대평마을*

빗살무늬 토기가 출토된 대평마을

염소가 빗살무늬 항아리 속으로 들어간다
물고기가 빗살무늬 항아리 속으로 들어간다
멧돼지가 빗살무늬 항아리 속으로 들어간다
창을 든 사냥꾼이 빗살무늬 항아리 속으로 들어간다
하얗게 핀 찔레꽃이 빗살무늬 항아리 속으로 들어간다

봉수대 피어오르는 연기가
군졸들의 함성이
북소리가
어떤 전쟁이 들어간 항아리 속에는
오래 견딘 시간과 적막과 돌칼 한 쌍 누워 있다
퍼렇게 녹슨 화살촉 하나가 벽 쪽을 가리키며 누워 있다

* 진주 청동기시대 발굴현장.

신상리 고분군*

청동기로 들어간다
압둑국, 압량소국 가는 길
BC 5세기
경계가 보이지 않는다
보이지 않는 문을 지나 스무 계단쯤 오르니
청동기다

봉분들 사이 사각 석실로 들어간다
생몰을 지난 사람의 무덤으로 들어간다
돌칼을 지나 깨어진 빗살무늬 항아리를 지나
갈비뼈도 내장도 없는 돌의 무덤으로 들어간다
뒤란이 무덤인 삶으로 들어간다

무슨 할 말이라도 있는 척
한 번 본적도 없는 이들에게
안녕하십니까
식사는 하셨습니까
문득 인사하고 싶은데

* 경산 휴게소 옆에서 출토된 삼국시대 이전의 유적지.

여름이 가고 있다

1

수박을 가득 실은 트럭의 그늘에 누워
한 사내가 새우잠을 자고 있다
둥둥 걷은 바지 끝에 맨발이 잠들어 있다
시뻘건 속 다 드러낸 수박의 심장에
푹 꽂힌 과도 위로 똥파리 한 마리가 윙윙 거린다

2

머리가 허연 노파가 가로수 아래 난전을 펴고 있다
은박지에 종이박스에 오후 세시가 깔려 있다
양파 마늘 배추 무 감자 호박
문득! 시들 것들을 펼쳐놓고 있다
노파의 그늘이 가로수의 그늘에 겹쳐 있다
그 끝에 앉아 노파가 양대를 까고 있다

그 앞으로 아반떼 모닝 쏘나타 그랜저 옵티마……
반들반들한 이름의 무쇠들이 지나간다
양산만한 하늘을 받쳐 들고 여자들이 지나간다

하늘은 한 무리의 양떼가 먹어치우는 중

3

밤
트럭에 넘치도록 꽃들을 싣고 꽃장수가 왔다
빨강노랑분홍자주하양보라주황……
장미국화라벤더극락조후리지아꽃창포백합금어초안개……
깜박이는 색등 아래 코가 빨간 사내가 장미꽃을 친다
그가 가위를 권총처럼 돌리면
장미 가시가 떨어져나가고 잎이 떨어져나가고
줄기만 앙상하게 남는다
사내는 앙상! 에 리본을 달고 색종이를 두르고
짠! 꽃다발을 내민다
마술에 걸린 사람들이 꽃다발 속으로 사라지고
마술처럼 여름이 가고 있다

아! 라벤더

어디선가 향기가 난다
아, 라벤더 하고 보니 라벤더는 없다
없는 라벤더에서 향기가 난다
불립문자처럼 허공을 건너와
라벤더! 부르는 순간
줄기가 돋고
이파리가 돋고
하얀, 부전나비 얼굴을 하고 라벤더가 온다

아! 라벤더
하고 또 누군가가 부른다

목단 하고 부르는 것처럼
장미 하고 부르는 것처럼

라벤더! 하고 불러보라
천공을 건너 향기가 오리라

퓰리처상 사진 전시실
에티오피아의 어머니가 검은 보자기를 쓰고
뼈만 남은 아이를 안고 있다 그 아래
오아시스 속의 라벤더가 향기 뿜고 있다

차마고도

부적을 매달고 가야하는 길이다
말의 목에 뿔을 달고 가야하는 길이다
히말라야를 지나 네팔을 지나 저녁으로 가는 길이다
인골피리를 불며 가야하는 길이다
사람과 말과 길이 하나가 되는 길이다
소금우물이 있는 길이다
야크의 뿔이 데려가는 길이다
높고
오래고
쓸쓸해서
아름다운 길

산더미 같은 등짐은 소금이며 茶이다
새벽이다

3부

연

문종이를 오려 귀를 붙이랴?
문종이를 오려 꼬리를 달랴?
문종이를 오려 난생 처음 가오리연 하나 만들어
黃이 사라지고 昏이 조금씩 눈뜨는 공터로 나서랴?

종이 가오리의 목을 잡고 이녁에서 저녁으로 막 달려가면
가오리의 몸에 피가 돌아
허공에서 퍼드덕 거리는 공터로 가랴

아아, 어떤 힘이 날개를 퍼덕이게 하고
지붕보다 높이 십자가보다 높이 미루나무보다 높이
용솟음치게 하는지 보여주랴
몰래 얼레를 풀어 어둑어둑한 허공 속으로 달아나는
가오리의 팔뚝을 막 흔들어 주랴

까마득한 중심이 된 그의 등줄을 가만히 당기면
바위에 걸린 낚싯줄처럼 완강하게 버티는 것이 있었지
한 가닥 실에 우주가 통째 걸려 떼를 쓰고 있었지

한 순간 툭 끊어질 줄을 쥐고
단전에 힘을 주면
한 하늘이 둥 둥 끌려오고 있었지

實景, 왕의 나라

연극은 끝났다
實景을 비추던 조명이 꺼졌다
공민왕과 노국공주와 여랑과 홍언박의
무대 뒤로 천 년 전 사람들이 퇴장 한다

천 년 전 말울음 소리
천 년 전 병장기 소리가 퇴장 한다
관객들 혀를 차며 미래 속으로 사라진다
스스스스 풀벌레들이 무대를 장악 한다

어둠속으로 이슬이 내린다
나뭇잎이 검게 번들거린다
길은 지루하고 가파르다

비탈에서 헐떡거리며 한 여자가 말 한다

(스토리를 알 수 없는 연극이었어요. 공민왕은 어느 나라 왕이에요?)

나뭇잎에 고였던 달빛이 바닥으로 툭 떨어진다
어둠이 반짝 사라진다

또 한 여자가 말 한다

(스토리를 모르는 연극은 이해가 안 돼, 노국공주는 누구야?)

긴 머리채가 우아하게 흔들렸다
나무 그림자들이 산을 검게 둘러쌌다
비탈 때문에 어깨가 기울어진 남자가 방금 전사한 장군처럼 말 한다

(알쏭달쏭한 스토리가 연극의 최고 품격이지, 왕이 가장 편하다고 여겼던 이곳이 安於大東 이란 사실을……)

저쪽에서 누군가 킥킥 웃는다

번쩍, 번개가 實景의 하늘을 긋고 지나갔다
천 년 전의 비바람이 다시 몰려온다
천 년 전의 밤새가 울며 날아간다

웃는 여자

콩나물국에 찬밥 말아먹고 또 웃네, 그 여자
슬리퍼 질질 끌고 가며 또 웃네, 그 여자
땅바닥에 퍼질러 앉아 또 웃네, 그 여자
이박삼일 웃네 삼박사일 웃네
사만 박 오만일 웃네

어려서는 엄마 따라 웃고
엄마 죽고는 엄마 신발 보고 웃고
아들 군인 간다고 웃고
위층 새댁 암 걸렸다 웃고
후리지아 꽃 너무 노랗다고 웃고
백호가 허옇다고

虛虛虛虛

웃네, 콩나물국 속 두부같이
딸꾹딸꾹 웃네
거시기에 솔 나도록 웃네

삶이 왜 옹이자국 같냐고
웃네 우는 가 싶은데
웃네 머저리같이 등신같이
웃다가 죽은 귀신같이

신의 글

(스위스 제네바 근교에 있는 유럽입자물리연구소(CERN)는 세상에서 가장 작은 물질(입자)을 찾기 위해 세상에서 가장 거대한 실험장비 (거대강입자가속기 · LHC, 둘레27km)를 돌리는 곳이다. 작디작은 입자 속에 숨은 크나큰 우주의 비밀을 풀기 위해서다.)
— 2011년 6월 15일 《중앙일보》

청소기를 돌리려고 방석을 들어 올리는데 깨알만 한 거미 한 마리 툭 떨어졌다 검정 구슬 같았다 가만히 보고 있자니 구슬 속에서 먼지 같은 작은 다리가 나와 기기 시작 한다 어디가 성치 않은지 아주 조금씩 갔다

어딜 가려는지 놈은 자꾸 내 쪽으로 기어 온다 내가 놈에게 얼마나 위험한 존재인지 놈은 모르는 것 같다 손가락으로 살짝 건드리자 잠깐 움츠렸다가 다시 내 쪽으로 기어 온다 아니 나 같은 건 안중에도 없는지도 모른다 아니면 놈에 비해 내가 너무 커 보이지 않는지도

햇살 환한 비닐 장판 위에 영문 모르게 떨어져 내린 생이
우왕좌왕 가고 있다 천방지축 가고 있다

剪枝를 하려면
— 사과 과수원에서

우선 가위부터 들고 나무 아래 서야 한다
비스듬히 사다리를 받쳐놓고 나무를 올려다봐야 한다
둥치를 살피고 줄기를 살피고 가지를 살피고
나무를 한 바퀴 돌아야 한다
돌며 쓰다듬어야 한다

그리고는 사다리를 타고 올라가 점지한 가지를 잘라내야 한다
중심인 척 서 있는 곧은 줄기를 잘라내야 한다
빽빽한 순들도 잘라내야 한다
위에서는 아래를 봐야 하고
아래에서는 위를 봐야 한다

안에서는 밖을 봐야 하고
밖에서는 안을 봐야 한다

썩은 줄기는 단번에 잘라내야 한다
겹친 가지 구부러진 가지 쳐진 가지도 잘라내야 한다

찐득한 피가 흐르기 전에 잽싸게 잘라야 한다
허연 뼈가 드러나도록 잘라야 한다

잘린 가지 속으로 하늘이 내려와
빨갛게 알을 슬 때까지

첫눈

눈발이 제법 날렸습니다
길은 미끄러웠고
약속한 사람은 오지 않았습니다

신호등 앞에서 차들은 물고기 떼처럼
모였다 흩어졌습니다
길은 한 곳으로 머리 두고 달려갔습니다
때 없이 바람이 불어왔습니다

미처 떨어지지 못한 이파리들이 힘겹게 가지를 붙들고 있었습니다
산은 먼 곳부터 하얘지고
가까운 산은 헌데 앓는 머리처럼 붉은 흙을 내보였습니다
약속한 사람은 오지 않았습니다

참새 떼가 눈발 사이로 몰려갔습니다
저 것들은 다 어디로 가는지
길은 얼음이 잡히고 미끄럽고 헝클렸습니다

약속한 사람은 오지 않았습니다

첫눈이라니!
처음이 아닌 것이 무엇인가요?

연못 속으로

소년이 대비를 들고 연못 속으로 들어갑니다
콩밭을 지나 파밭을 지나 연못 속으로 들어갑니다

왕잠자리 수놈의 새파란 엉덩이가 연못 속으로 들어갑니다
초록빛 은은한 암놈의 그림자가 연못 속으로 들어갑니다
반짝 빛나는 대가리 구부러진 고동색 꽁지가 연못 속으로 들어갑니다

파르르 떠는 주황색 날개가
호박 빛 황혼이 연못 속으로 들어갑니다

물옥잠 위로 날아가는 수련
날아가는 왕잠자리

우그러지다

서리 맞아 우그러진 장미꽃이 햇빛을 우그리고
우그러진 나뭇잎이 길을 우그리며 갑니다
칙칙하고 무겁게 굴러가는 길

우그러진 종이컵 우그러진 라면봉지 우그러진 포장지 우그러진 쓰레기통
우그러진 고양이 우그러진 개 우그러진 간판 우그러진 함석지붕
우그러진 구름 우그러진 낮달 우그러진 지폐

우그러진 버스가 우그러진 소리를 내며 갑니다
골목 담벼락에 광고문구 속

'사글세 방 있음'

한 달째 우그러져 펄럭거립니다

하늘다방 차

하늘다방 보자기에 찻잔을 싸들고 배달 가는 김양
파란 하늘색 샌들을 신고 하늘다방 건달이 운전하는
차속으로 들어간다
부릉부릉 시동을 거는 하늘다방 차
옆으로 청소차가 지나간다 하늘보다 우뚝한
쓰레기가 간다 요란한 유행가를 싣고
왕족발이 지나간다
배꼽 아래가 아슬아슬한 이벤트 걸들이 춤을 추며
실려 간다 노란 은행잎 하나가 하늘다방 차 유리에 철썩
붙어 간다

미스 김, 미스 양, 미스 정, 미스 박, 들이
하늘하늘 하늘 속으로 실려간다

아슬아슬

장마가 온다는 소식에 급히 매실을 땄다
가지와 가지 사이 이파리와 이파리 사이
급한 손들이 지나갔다
나무 끝이 아슬아슬 했다

그늘에 한 삼일 말렸다
이따금 그 속에서 벌레가 꼬물꼬물 기어 나와
어디론가 사라졌다
유리병에 담긴 그것들은 점점 어두워졌다
날벌레들이 설탕 쪽으로 몰려들었다
설탕이 아슬아슬 했다

쪼글쪼글한 애기들의 끝이
아슬아슬 했다

행운

우리 집 행운목에 꽃핀 적 있었네
먼 별처럼 하얗고 아득한 꽃
수수꽃다리 향기가 은은한 꽃
저물기를 기다렸다 문득 밤에 피는 꽃
나 은근히 그런 행운 기다렸네

행운은 꽃처럼 깜깜하고
기다림은 농담 같아서
꽃처럼 헛것만 같아서

시퍼런 이파리 몇 삐죽 내 미네
그런 사이, 호주 사는 친구는 암이라 하고
관광객을 실은 버스는 계곡으로 추락하고
어딘가는 토네이도가 지나가고
지진이 일고 해일이 덮치고 화산이 폭발……

생각하니
나 그런 행운 기다렸네

100년 전에 지나간 것도 같은
전화 받는 사이 잠깐
왔다간 것도 같은

차를 타고 달리다가

문득, 이 강변도 그리운 날 있겠구나!

절정의 개나리가 저리 아프고
다 저물어 고요한 벚꽃 길도
산자락도 들판도, 집들도, 저 빨간 지붕도
새삼스러울 것 하나 없는 까치집도
저 가깝고도 먼 하늘도
몸서리치게 그리운 날 있겠구나!

차를 타고 달리다가

에덴의 동쪽*

동인천을 떠난 전동차는 서쪽을 향해 힘차게 달려갔다

드문드문 놓인 승객들이 섬처럼 졸고 있었다 백운역에서 선생이라 불리는 자와 여자 둘이 탔다 선생이건 제자건 전동차는 상관하지 않았다 심야였다 은퇴한 한도닭 같은 사내가 맞은편 경로석에서 종이컵에 막걸리를 따라 마시다가 약간 눈살을 찌푸렸을 뿐

모든 싸움은 그렇게 시작 되는 것 소련과 아프칸의 싸움도 미국과 이라크의 싸움도 북한이 연평도를 폭격한 것도! 그렇다, 선생이 심야에 여자 둘과 한도의 건너편에서 낄낄거릴 때부터 싸움은 시작된 것, 한 때는 잘 나갔을지도 모르는 한도, 건너편의 春風明月이 눈꼴시었을 한도, 더는 못 참았을, 한도, 벌떡 일어나 "당신들 나이가 몇인데 경로석에 앉아 있어!" 시비를 건 것

그렇다, 술이란 어떤 빌미도 싸움으로 만들 수 있는 힘이 아닌가

"당신은 왜 거기 앉아?" 한 여자가 받아치고

그렇다! 그녀의 불행은 한 때 건달이었을지도 모를 한도를 몰라본 것, 그렇다! 그 때 그녀의 불행은 한도를 다만 술로 본 것, 말없이 일어나 출입구 앞에서 서성대던 한도, 그녀 쪽으로 슬금슬금 다가와 느닷없이 그녀의 발에 침을 뱉은 것, 캥거루처럼, 놀란 그녀 '어디다 침을 뱉어?' 발끈 한 것

그렇다, 폭언은 폭력을 부르는 것, 그 때 그녀의 불행은 한도의 팔이 기다렸다는 듯 그녀를 향해 올라간 것, 선생의 공포가 한도의 턱으로 날아간 것, 한도의 돋보기가 전동차 바닥으로 떨어진 것, 한도의 손에 들렸던 막걸리 병이 원을 그리며 날아간 것, 비틀거리며 안경을 더듬는 한도 앞에 막걸리가 뜨물처럼 흘러내린 것, 잠시 헷갈렸던 한도가 반격을 시도한 것

전동차가 막 역곡역을 통과하고 비틀거리며 일어난 한도, 허공을 향해 주먹을 휘두르고 선생, 몸을 굽혀 한도의

품으로 파고들며 가볍게 어퍼컷을 날리고!

전동차는 오류역을 지나 온수를 향해 뜨겁게 달려가고 잠시 자리에 앉아 숨을 고르던 한도, 다시 벌떡 일어나 섬마을선생을 덮치고 죽은 나무뿌리 같은 한도의 손가락 끝 손톱이 선생의 얼굴을 할퀴고

아아, 여자들, 철새처럼 몰려들고 선생의 얼굴은 해당화가 피고 전동차는 구일 구로 신도림 영등포 신길 대방 용산을 지나가고

승객들에게 밀려난 한도, 차가운 승강장에 쓰러진 채 차창 밖에서 멀어지고 전동차는 서쪽으로, 서쪽으로 달려가고

* J 스타인벡의 장편소설.
(하나님께 범죄한 아담과 하와가 에덴동산에서 쫓겨난 땅.)
(동생 아벨을 죽인 가인이 여호와의 앞을 떠나서 거한 땅.)

正末

자기 나 사랑해?
그럼 사랑하지
정말?
그럼 정말이지,

어제는 정말 빨간 옷을 입고 정말 바람둥이처럼 노래를 부르셨는데
오늘은 정말 진지하게 노래 하셨어요 정말 어느 쪽이 정말 당신이세요?
지금은 정말 멋지세요 정말 항상 웃고 계시거든요 그런데 당신의 목소리는
왜 정말 그렇게 탁한 저음인가요?
조금 전에는 정말 조금 불안정한 음정이 보였다구요

저는 지역구 유권자 여러분을 정말 사랑합니다
표를 의식해서 하는 소리는 정말 아닙니다

그럴 수가 있나요? 정말 가슴이 아팠어요

사람이면 말이에요 정말 인 두껍을 쓰고 그럴 순 없지요

내가 정말 당선된 거 맞아요? 정말이어요?
꿈같아서 그래요, 정말 꿈만 같아서요

내 진심은 정말 그게 아니었는데 정말
돈이 거짓말 한 것이지 내가 그런 건 아니에요
正末 정마알……

천국으로 통하는 문

큰길가에 우뚝 서 있는 저것이 교회당이다
붉은 벽돌로 쌓아올린 삼층집이다
담장은 없고 벽에
"내 집은 만민이 기도하는 집"
현수막만 걸려 있다
팔각의 지붕 꼭대기에 십자가가 삐죽한 저것이 교회당이다
층마다 칸을 친 창문들이 닫혀있고
그 옆에 그림처럼 종탑 하나 세워져 있는 저것이 교회당이다
종소리 들어본 적 없는 종탑 속에다
종도 종각도 속으로 녹슬고 있는 저것이 교회당이다

둥근기둥 두 개가 떠받들고 있는 문 앞에
대리석계단이 있고
계단 가운데로 붉은 카펫이 길게 깔려있는 저것이 교회당이다
아무도 그 붉은 계단을 올라가

천국으로 통하는 문을 나오는 사람 없는 저것이 교회당이다
어느 때는 속이 환하다가
어느 때는 깜깜한 저것이 교회당이다

차들이 창을 흔들며 지나가고
빨파노 빨파노 성탄 트리가 문 앞에 깜빡이는 저것이 교회당이다
꼭대기에 휘황한 별 하나 얹은 트리 밑으로
백발의 노파가 폐박스로 가득한 유모차를 밀고 가는
저것이 교회당이다

골목에서는 때 없이 지린내가 나고
불빛 없는 골목에 고양이들이 모여 사는 저것이 교회당이다

햇빛

나는 그를 심었다
물을 주고 꼭꼭 밟아주었다
뿌리를 덮고 있는 흙을 가만히 쓰다듬어주었다
줄기를 가시를 쓰다듬어주었다

그는 잎으로 피었다
꽃봉오리로 맺혔다
꽃나무로 서 있었다

그가 빨간 장미로 필 때 나의 쓰다듬음은 빨갰다
그가 노랑 장미로 필 때 나의 쓰다듬음은 노랬다
그가 흰 장미로 필 때 나의 쓰다듬음은 하얬다

쓰다듬었을 뿐인데
오월이 오고
쓰다듬었을 뿐인데
나비가 날고
쓰다듬었을 뿐인데

바람이 불고
이파리들이 자꾸 시퍼래졌다
단지 쓰다듬었을 뿐인데

모자 속에서 비둘기가 나오듯이

타클라마칸

타클라마칸 하고 중얼거려 보라
문득 가슴이 먹먹해지고 입 안 가득 모래가 버석거리리라

문득 모래언덕이 생기고 무덤이 생기고
한 사막이 펼쳐지리라
흔적만 남은 강이 흐르고
흔적만 남은 바다가 출렁거리고
뼈만 남은 낙타가 죽은 나무뿌리가
나이를 알 수 없는
우루무치, 쿠차, 두루광, 돈황이 어른거리리리라

황량함이
적막이
고독이
한바탕 꿈이 낙타풀처럼 자라고
본적도 없는 호양목이 자라고
사는 데 천 년 죽는 데 천 년이라는 것들이 순식간에
태어나고 죽으리라

저기 황사 피어오르는 지평선 너머
휘파람 소리 들리리라
천 년 전 아이들 웃음소리 들리리라
낙타울음소리 들리리라

생각이 발자국을 뗄 때마다 밀가루 같은 먼지 일리라
돌아보지 마라
지나온 길 금세 지워져
한 방울 물처럼 지독한 아름다움으로 영롱하리니

폐선

아직 갈 길이 남았다는 것일까
아직 할 일이 더 있다는 것일까
모래펄에 비스듬히 누워 있는 폐선

구멍난 바닥으로 바람이 들락거리고
들짐승 날짐승들이 제 집처럼 들락거리고 있다
갈매기 몇 마리 돛대 위에 앉아 먼 뱃길에 눈을 주고 있다
구멍 나고 칠 벗겨지고 이름마저 희미해진
금강호

닻을 언제 내렸는지 오르내리던 구멍만 벌겋게 녹슬어 있다
잡초들이 뿌리박은 그 갑판 위에 식칼 하나 버려져 녹슬고 있다
저 칼로 어떤 배를 갈라 누군가의 마지막 허기를 채웠는가
고물*에는 바다와 맞서 배를 당기던 밧줄 한 둥치가 감긴 채 삭고 있다

사라진다는 것은 먼저 기울어진다는 것일까
망대도 깃발도 바늘 부러진 나침반도 없이
삭은 꽁치대가리 하나 없이
물 한 방울 없는 어두운 물칸*에서
누런 장화 한 짝으로 누워 있자는 것일까

바람 불면 삭은 몸 위로 우수수 모래 쌓인다는 뜻일까

* 배의 뒤쪽.
* 잡은 고기를 산채로 보관하는 장소.

피자굽네

차창 밖으로 피자굽네가 보이네 온 몸에 밀가루 칠한 학생들이 그 속에서 웅성거리네 오색 테이프를 칭칭 감은 아이들이 무어라 무어라 떠들며 왁자하니 들어가네 안고 있던 꽃다발이 바닥으로 쏟아지네

송유리피자 이태리피자 피자뒤몽드 우리집피자 임실치즈피자 피자빙고 피자헛 미스미스피자 피자나폴리 피자델리 피자천국 피자마루 피자치킨 빨간모자피자……다 두고 왜 하필 피자굽네 일까?
피자를 구우니, 피자를 구워서, 피자를 굽는데 어쩌자는 것일까?

배달부가 피자 한판을 들고 나와 오토바이를 타네. 피자가 가네. 어디서 어떻게 피자는 것일까? 여기 저기 함부로 피자고? 천국처럼 피자고? 구워지면서 피자고? 냄새를 풍기며 피자, 고? 여섯 조각으로 피자, 고? 여덟 조각으로 피자, 고? 치즈를 덮어쓰고 고구마 냄새를 풍기며
피자, 고?

마을버스가 피자굽네 앞에서고
피자굽네가 잠시 사라지네

섣달

한 사람이 손수레에서 연탄재를 내리고 있다
허리를 구부리고 재가 된 날들을 차곡차곡
맨손으로 쌓고 있다
법성포 굴비차가 비린내를 외치며 지나가도
식어버린 날짜들을 전주아래 쌓느라 골몰하고 있다
붉은 쓰레기봉투 옆에 찢어진 골판지 옆에
일렬로선 빈병 옆에 쌓인 눈 더미 옆에
탑을 쌓듯 조심조심 쌓고 있다

검정비닐봉지 하나가 검은 새처럼 날아가는 골목
전선에 감기는 바람이 짐승처럼 우는 골목
식은 날짜들이 가볍게 탑이 되고 있는 골목
어디서 생선 굽는 냄새가 허기를 몰아오고 있다

노란 파란 유치원 아이들이 하나, 둘, 셋,
탑을 돌아 제 시간 속으로 사라진다
고양이 한 마리 탑 아래 엎드렸다 흔적 없이 사라진다
음식배달 오토바이가 부릉 탑을 흔들고 사라진다

탑 같은 사람 하나 흰머리 바람에 날리며 잠시 서 있다
생각도 없이 짧은 해가 저물고 있다

12월 末

성에 낀 유리창에
손가락 그림을 그린다

집을 그리고
나무를 그리고
나뭇가지 같은 사람 하나를 그린다
멀리 걸어 나간 발자국도 그린다

언제 그려도 같은 그림
집
나무
돌아오지 않는 발자국들

12월의 유리창은 미끄럽고 차다

양말만 신으면 잊어버린다

거실에 앉아 양말을 신는데 발뒤꿈치가 꺼칠꺼칠하다
나는 각질연고를 사 발라야겠다고 생각 한다
오래전부터 한 생각이지만 나는 양말만 신으면 잊어버
린다

탁자 위에는 비스킷이 놓여있고 귤이 거뭇거뭇 무르고
있다
그것들, 언제부터 거기 있었을까?

사람이 사람을 죽인 뉴스가
하이에나가 하이에나를 죽인 일보다 더 흔한 이 정글
이상하게 나는 양말만 신으면 잊어버린다

아버지 방문 앞에 비늘이 허옇게 떨어져있다
목욕을 시켜드려야겠다…… 생각하다
양말만 신으면 잊어버린다

간수치도 높고 당뇨도 좀 있고 혈액도 심장도 정상인 게

없대요

그럼 어떻게 해야 한데?
운동하고 스트레스 피하고 음식 가려먹고, 또
아내가 걱정스럽게 말한다 나도 걱정스럽다
그러나 나는 양말만 신으면 잊어버린다

하염없이 말랑말랑하던 것들이
봄날처럼 따뜻하던 것들이
좌충우돌 시퍼렇게 덤벼들던 것들이
발뒤꿈치의 각질처럼 무심히 벗겨나간다

해설

現狀으로 읽는 이녁과 저녁의 不可思議

이경림 시인

現狀으로 읽는 이녁과 저녁의 不可思議

이경림 시인

혹자는 시를 욕망의 또 다른 표현이라 말하기도 한다. 인간의 욕망은 자신이 걸어온 삶의 법칙에 따라 세계를 재구성하여 예술을 창조하고 그것으로 하여금 자신에게 순응하도록 하려는 성향이 있다는 것이다. 그러나 나는 이러한 주장이 때로 배신당하지 않을까 생각해 본다. 그것은 눈앞에 현현되는 色과 形, 즉 '현상이라 불리는 시간들'의 저 너머에 인간이 손쓸 여지조차 주지 않는, 나눌 수도 탐할 수도 없는 아름다움이나 불가사의들이 군림하고 있을 것이기 때문이다. 그러니 사실 자신의 욕망을 예술이라는 이름의 도피처로 만들려는 일은 애초부터 무리인지도 모른다. 르끌레지오는 그런 현상을 가리켜 '존재자체가 白畫이기 때문'이라고 말한다. 흰 그림, 즉 실재하지 않는 그림이라는 뜻이리라, 그러고 보면 시인은 없는 존재, 시시각각 사라지고 있는 것들의 잔상을 붙들고 끙끙거리는 자들인지도 모르겠다. 그렇다, 생은 참으로 이상한 白畫 속이다. 그러나 없는 그 존재들이 왜 이리 時時刻刻 아름다운가, 事事件件 리얼한가?

1, 현상으로 읽는 그 너머의 말들

박영석의 시의 발화점은 바로 그런(없는 그 존재들이 왜 이리 時時刻刻 아름다운가, 事事件件 리얼한가) 질문에서 시작된다. 그래서 그는 시시각각 나토는 '지금'이라는 현상을 성실하게 읽고 받아쓰려 노력한다. 받아쓴다! 라는 말 속에는 '이곳의 모든 현상들은 그대로 말이다'라는 암묵적 수긍이 들어 있다. 그것은 존재를, 현상들을 성실하게 들여다 본 자만이 읽을 수 있는, 메타포들이기 때문이다. 그것들은 침묵의 말이며 세상 모든 말들의 침묵이기도 하기 때문이다. 그것을 통하여 독자는 존재 너머의 불가사의를 슬쩍 넘겨다 볼 수 있는 행운을 얻기도 하고 저녁이 현상이라는 몸을 빌려 인간에게 전하는 전언을 들을 수도 있는 것이다.

나는 그를 심었다
물을 주고 꾹꾹 밟아주었다
뿌리를 덮고 있는 흙을 가만히 쓰다듬어주었다
줄기를 가시를 쓰다듬어주었다

그는 잎으로 피었다

꽃봉오리로 맺혔다
꽃나무로 서 있었다

그가 빨간 장미로 필 때 나의 쓰다듬음은 빨갰다
그가 노랑 장미로 필 때 나의 쓰다듬음은 노랬다
그가 흰 장미로 필 때 나의 쓰다듬음은 하얬다

쓰다듬었을 뿐인데
오월이 오고
쓰다듬었을 뿐인데
나비가 날고
쓰다듬었을 뿐인데
바람이 불고
이파리들이 자꾸 시퍼래졌다
단지 쓰다듬었을 뿐인데

모자 속에서 비둘기가 나오듯이
—「햇빛」 전문

위의 시를 가만히 보면 한 꽃나무를 위하여 시인(인간)이 한 일이라곤 나무 한 포기 심은 일, 뿌리를 덮은 흙을 꼭꼭 밟아준 일, 뿌리를 덮고 있는 흙을, 줄기를, 가시를, 가만히 쓰다듬어 준 일, 정도에 지나지 않는다. 그러나 다만 쓰다듬었을 뿐인데 잎이 피고 꽃봉오리가 맺히고 어느 날 문득 한그루 한그루 꽃나무가 되어 서 있는가? 대체 어디에 사는 누가 한 일인가? 아무리 생각해도 그것은 인간에게는 不可知의 영역이며 꽃나무라는 現狀 저 편의 일이라고 밖에 말할 수 없다. 어린아이 눈에 비친 모자 속에서 비둘기가 나오는 마술처럼. 그리고 시인은 느낀다. 빨간 장미꽃이 필 때 자신의 쓰다듬음도 빨갰던 건 아닐까? 노란 장미가 필 때 자신의 쓰다듬음도 노랬던 건 아닐까? 하고. 그런 생각 속에는 '인간이나 장미나 이곳에 잠깐 나토다 사라지는 하나의 현상이기는 마찬가지'라는 존재론적 인식이 들어 있다. 그러나 시인은 자꾸 궁금하다. 현상의 저 너머에 도대체 무엇이 있기에 다만 꽃 한 그루를 쓰다듬을 뿐인데 오월이 오고 꽃 한그루를 쓰다듬을 뿐인데 나비가 날고, 바람이 불고, 이파리들이 자꾸 시퍼래 지는가? 말하자면 시인은 지금 현상이라는 형식으로 나토는 일상의 當然之事를 통해 존재의 심연을 들여다 보고 있는 것이다. 그리고 문득 시시하고 지루한 일상에 대해 유쾌한 이유를 붙여보는 것이니,

내가 추어탕 한 그릇 배달하는 것은
아덴만의 여명이 싱싱하게 찍힌 신문이 배달되었기 때문이다
가게 문을 열고 바닥에 흩어진 어제를

아내가 진공청소기로 말끔히 빨아들였기 때문이다
비가 오나 눈이 오나 출근하는 아줌마들이
출근하자마자 커피 한 잔씩 뽑아들고
굽 높은 신발과 털옷에 대해 얘기했기 때문이다

내가 추어탕 한 그릇 배달하는 것은
이른 새벽 간데기에 불이 당겨지고 떼죽음한 미꾸리들이
설설 물을 끓였기 때문이다
커다란 밥솥에서 밥물이 끓어 넘쳤기 때문이다
시퍼런 청양고추가 난도질당했기 때문이다
마늘이 통째로 믹서에 짓이겨졌기 때문이다

내가 추어탕 한 그릇 배달하는 것은
거스름돈을 준비하고 약도를 그리고
배달할 집을 메모지에 몇 동 몇 호까지
또박또박 적었기 때문이다

그러나
내가 매일 무거운 배달통을 들고 나서는 진짜 이유는
배달되세요?
허공 저 편에서 물어오는
쓸쓸한 질문 때문이다

—「이유」 전문

위의 시는 그의 현재 직업인 추어탕을 배달하는 이유를 설명하는 것 같지만 다시 보면 그가 주장하고 있는 이유라는 것이 추어탕 배달과는 아무 상관이 없는 일들이란 걸 발견하게 된다. 예를 들면 추어탕을 배달하는 이유가/ 아델만의 여명이 싱싱하게 찍힌 신문이 배달/ 되었기 때문/ 이라든가, 가게 문을 열고 바닥에 흩어진 어제를 아내가 진공청소기로 말끔히 빨아들/ 이기 때문이라든가/ 비가 오나 눈이 오나 출근하는 아줌마들이 출근하자마자 커피 한 잔씩 뽑아들고 굽 높은 신발과 털옷에 대해 얘기/ 하기 때문이라든가 하는 일들, 얼핏 보면 추어탕과는 관계가 없는 일들에 그는 마치 개구쟁이가 떼쓰듯 그것들 때문이라 주장하고 있다. 그러나 이런 이유가 과연 그가 추어탕을 배달하는 일과 관계가 없는 일들일까? 시인은 그렇지 않다고 생각한다. 세상 모든 현상들은 서로 보이지 않는 인과관계 속에 있으니까. 가령 브라질에 있는 나비 한 마리의 날갯짓이 마국 텍사스에 토네이도를 불러일으킬 수 있다는 나비효과의 이론처럼. 이런 이론 속에서 보면 모든 존재현상들은 어떤 것들도 홀로 존재할 수도, 홀로 사라질 수도 없다는 이론도 성립된다. 그러나 그가 이런 떼쓰기의 끝에 내밀게 되는 진짜 이유 즉, 허공 저편에서 '배달되세요?' 하고 묻는 질문은 소름끼치게 쓸쓸하고 아름답지 않은가?사실, 엉뚱하게 말 해놓고 시침떼기는 그가 찾아낸 본질에 대한 질문의 형식이며 그의 시의 매력이기도 하다.

이 새벽 누가 우유배달을 하고 오는지
교차로 공터의 이팝나무가 하얗다
고봉의 꽃 속으로 손을 쑥 디밀고 있다 누가

이 새벽에 두레박질을 하는지
산중턱에 아카시아가 하얗다
꽃향기가 아침 밥상에 그득하다 누가

이 새벽에 옥양목 호청을 두드리는지
다다미소리가 뽀얗다
산비탈 찔레가 한창이다

하얀 꽃에서는 상여소리가 난다
뽀얗게 먼지 피워 올리며
청 보리밭을 넘어가는 요령소리가 난다
—「누가」 전문

「누가」라는 제목을 달고 있는 이 시에서도 어김없이 그의 딴청 부리기는 등장한다. 이팝 꽃이 하얀 것은 누가 우유배달을 하고 오기 때문이고, 아카시아 꽃이 하얗게 핀 것은 누가 두레박질을 하기 때문이고, 산비탈에 찔레가 한창인 것은 누가 이 새벽에 옥양목 호청을 두드리기 때문이라고 그는 너스레를 떤다. 참, 볼수록 아리송한 변증법이다. 그러나 고개를 갸웃거리며 따라가다 보면 마침내 흰 꽃 속에서 상여소리를 듣게 되고, 청보리 밭을 넘어가는 요령 소리를 듣게 되는 행운을 얻게 되는 것이니 놀라운 변증법이 아닌가?

전지되어 뭉툭한 사과나무에는 둥근 달이나 열려라
둥근 것은 얼마나 환하냐고
모서리를 버린 것들은 이렇게 환하다고
둥그렇게, 둥그렇게 열려라

웅크리고 앉아 먼 산 보는 노인의 등 같은 오랜 둥긂
보라 둥근 것은 얼마나 먼가
나무아래 누워 나무로 돌아가고 있는 사과를 보면 알리라
껍질에서 씨방까지가 얼마나 먼지
씨방에서 씨앗까지는 또 얼마나 아득한지
그 모든 것들의 저녁은 얼마나 느리게 둥글리는지

둥글리면서 흐르는 개울물소리는 얼마나 쓸쓸한지
들판을 건너오는 저녁소의 울음소리
젖은 자갈돌이 몸 뒤집는 소리

파도가 붉은 해안선을 핥는 소리
목이 긴 새들이 떼를 지어 날아가는 소리는
얼마나 멀고 둥그런지

발끝에 달빛을 매달고 동굴을 기어 나오는
등딱지가 검은 게의 연대기처럼
저기, 지층과 지층 사이를 날아가는 새들의 둥근 길을
보라

—「둥글다는 것」 전문

위의 시에 앞부분에서는 그가 시침떼기의 도를 넘어 不可知의 저 너머에 대고 명령조로 말하고 있는 것을 볼 수 있다. 마치 풍차를 향하여 돌진하는 돈키호테처럼.

그러나 다시 그의 시를 곰곰 따라가다 보면 사실 그의 반어들은 나약하기 그지없는 존재인 한 인간의 쓸쓸한 독백에 지나지 않는다는 것을 알게 된다. 가령 "전지되어 뭉툭한 사과나무에는 둥근 달이나 열려라/ 둥근 것은 얼마나 환하냐고/ 모서리를 버린 것들은 이렇게 환하다고/ 둥그렇게, 둥그렇게 열려라"하는 1연에 나타난 명령어들이 모두 사실은 反語라는 것을 금방 눈치 챌 수 있다.

둥긂이 주제가 되고 있는 이 시는 사과에서 출발한 둥긂이-달의 둥긂-모서리를 버린 것들의 환함-웅크리고 앉아 먼산 보는 노인의 등을 지나 다시 자신이 태어난 나무 아래 누워 나무로 돌아가고 있는 사과로 귀결되는 둥글고 먼 순환의 길을 보여준다.

2. 펄펄 끓는 추어탕 속의 생

뜨거운 뚝배기 속입니다
가난한 사람들이 한턱 쓰는 음식 속입니다
헛헛해서 비린 것이 생각날 때 먹는 음식 속입니다
뼈와 살 내장과 눈알까지 먹는 음식 속입니다
맨손으로는 잡을 수 없는 鰍
한 그릇 먹으면 원기가 확 도는 鰍
친구끼리 가족끼리 땀을 닦으며
없는 돈 서로 내려고 다투는 鰍
푹 삶은 우거지국물에 삶은 미꾸라지 갈아 넣고
뚝배기에 또 달여서 곤죽이 된 鰍

—「추어탕 · 1」 부분

위의 시에서 시인은 생을 추어탕의 뜨거운 뚝배기 속에 비유한다. 그는 왜 생을 하필 가난한 사람도 한턱 쏠 수 있을 정도로 싼 추어탕의 속으로 비유할까? 생은 왜 추어탕 속인가? 라는 질문의 답은 다음과 같다. 생은 '헛헛해서 비린내가 날 때 먹는 음식 맛 같은 것', '뼈와 살과 내장, 눈알까지 파먹어야 하는 것', '맨손으로는 도저히 잡을 수 없는 미꾸라지 같은 것', '친구끼리 땀 닦으며 없는 돈 서로 내려고 다투기도 하는 눈물겨운 것', '푹 삶은 우거지 국물에 삶은 미꾸라지 갈아 넣고 뚝배기에 또 달여서 곤죽이 된 추어탕 같은 것'이기 때문이라고, 그 속에서 펄펄 끓으며 둥근 뚝배기 속을 돌고 돌다 어떤 목구멍으로 후룩 넘어갈 때까지가 생이기 때문이라고.

존재들의 한 생에 대한 통쾌한 조롱이 재미있는 다음의 시를 보자

빙글빙글 도는 놈 껑충껑충 뛰는 놈 컹컹 짖는 놈
곁눈질하며 먹는 놈 야금야금 먹는 놈 허겁지겁 먹는 놈
늑대처럼 으르렁 대는 놈
먹다가 돌아서서 똥을 싸는 놈
털 색깔만큼 성격도 가지가지 놈들
밥통에 머리를 박고 조용하다

뼈다귀를 몽땅 먹어치우는 놈
제 똥까지 먹어치우는 놈
빈 밥그릇을 물어뜯는 놈
밥그릇 물고 장난치는 놈

백주에, 물고 뜯고 교미하고 살육하고

(한 점 부끄럼 없다)

독방에 사는 사나운 늙은이처럼
으르렁거리며 어슬렁거리며 힐끗거리며
웅크리고 발바닥을 핥으며 목덜미를 긁으며 똥을 싸며
제 가랑이에 코 박고 잠을 자며
괜히 땅을 파며
국자로 대가리를 두들겨 맞으며

개대가리다
개대가리다

지나가는 바람을 보고 멍멍 짖으며
제 꽁지를 물고 빙빙 돌며
—「개들」 전문

위의 시를 읽다 보면 참담하다고 밖에 할 수 없는 어떤 쓸쓸함이 밀려오는 것을 어쩔 수 없다. 위의 시에 나타난 것처럼 생이라는 말뚝에 묶여 누군가의 손에 사육되고 있는 개, 개대가리다! 개대가리다! 국자로 두들겨 맞으며 괜히 지나가는 바람을 보고 멍멍, 공허하게 짖으며 제 꽁지나 물고 쓸쓸히 돌아보는 하고 많은 生들이 생각나기 때문일 것이다.

르끌레지오는 '우주를 재구성하기 위하여 인간이 가진 거라곤 감각이라는 빈약한 도구 밖에 없다'고 말한다. 그렇다면 시인이 할 일은 감각이 선택한 현상에 대한 성실한 관찰과 깊이 있게 사유하는 일일 것이다. 시시각각 만나는 현상들을 가지고 놀든, 시치미를 떼든, 그 앞에 엎드려 절하든, 몸 재주를 넘든, 그것은 각자의 성향이 선택할 문제이리라, 그러나 소위 쓰는 자가 지녀야 할 한 가지 공통된 요소는 날것 그대로 정직하게 보고 쓰는 일일 것이다.

시 쓰기는 결국 내면의 눈을 되찾는 일이다. 이 시집의 표제시인 「공치는 일」에는 공球 치는 자의 자세에 대해 섬세하게 쓰고 있다. 그것은 生이라는, 아니 시라는 空에게도 똑같이 해당되는 일이기도 하리라.

숨차게 뛰어야 한다
똑바로 보고
똑바로 휘두르고
똑바로 맞추어야 한다
이따금 허공도 쳐야 한다

빠른 공은 빠르게 느린공은 느리게
높은 공은 높게 낮은 공은 낮게
센 공은 세게 부드러운 공은 부드럽게
쳐야 한다

침착해야 한다
겸손해야 한다
목숨 걸어야 한다

몸에 힘을 빼야 한다
마음을 비워야 한다

출렁,
라켓에 와 닫는 느낌을 읽어야 한다
날아가는 소리에 귀를 기우려야 한다

저기 공이 오고 있다

—「공치는 일」 전문

보라, 저기 空 하나가 전속력으로 날아오고 있다. 받아 치자!

박영석

박영석 시인은 1948년 경북 봉화에서 태어나 포항중학교를 졸업했고, 1969년 서라벌예술대학 문예창작과를 중퇴했으며, 2004년 《동양일보》 신춘문예로 등단했다. 박영석 시인의 첫 시집 『공이 오고 있다』는 현상과 탈현상, 존재와 부재, 보이는 것과 보이지 않는 것에 대한 변증법적인 성찰을 통해서 '공치는 일'의 역동성을 노래하고 있다고 해도 과언이 아니다. 공은 둥글고, 공은 우주이고, 또한 공空은 텅 빈 것이다. 텅 비어 있음으로 꽉 찬 부재의 아름다움도 있고, 꽉 차 있음으로 텅 빈 존재의 아름다움도 있다. "저기 공이 오고 있다". "침착해야 한다. 겸손해야 한다. 목숨 걸어야 한다." 시의 아름다움은 삶의 아름다움이고, 삶의 아름다움은 공치는 일의 아름다움이다.

이메일 주소 : moonsin17@hanmail.net

박영석 시집

공이 오고 있다

발　　행 2012년 8월 23일
지 은 이 박영석
펴 낸 이 반송림
펴 낸 곳 도서출판 지혜
계간 시전문지 애지
기획위원 반경환 이형권 황정산
편집디자인 김지호
주　　소 300-812 대전광역시 동구 삼성1동 273-6
전　　화 042-625-1140
팩　　스 042-627-1140

전자우편 ejisarang@hanmail.net
홈페이지 www.ejiweb.com

ISBN : 978-89-97386-25-3 03810
값 10,000원